Angaben zum Kind

Name: ____________________ Beobachtungsdatum: ____________________

Alter in Monaten: ____________________ Beobachter:in: ____________________

Allgemeiner Gesundheitszustand Wie geht es dem Kind zurzeit gesundheitlich? Gibt es besondere Umstände, wie zum Beispiel Allergien, Unverträglichkeiten, Diagnosen? Fällt Ihnen irgendetwas auf?	
Familie Gibt es bedeutende familiäre Merkmale oder Ereignisse (positive und negative)?	
War im Beobachtungszeitraum irgendetwas auffällig oder anders?	
Seit wann besucht das Kind die Kita?	
Wer waren oder sind seine Bezugsfachkräfte?	
Wie viele Peers sind in der Krippengruppe bzw. -einheit?	
Wann wird das Kind morgens gebracht und wann wird es wieder abgeholt? Betreuungsdauer:	
Wann und wie lange schläft das Kind in der Krippe?	
Wie verlief (damals) die Eingewöhnung?	
Aktueller Fachkraft-Kind-Schlüssel während der täglichen Betreuungszeit des Kindes:	
Gab es besondere Vorkommnisse in der Gruppe/im Nest des Kindes? Wenn ja, welche?	

Beobachungsmodul A: Physiologische Grundbedürfnisse

Teil 1: Einschätzung

Körperkontakt

Das Kind sucht direkten, angenehmen Körperkontakt zur Fachkraft und/oder zu anderen Kindern und exploriert anschließend wieder.
Hinweis: Beispiele sind auf dem Schoß sitzen, Anlehnen, Hand halten; aber auch Ringeln und Raufen.

nie	selten	gelegentlich	oft	immer
1	2	3	4	5

Das Kind sucht ständig und permanent Körperkontakt und exploriert kaum.
Hinweis: Das Kind klammert z.B. häufig und möchte ständig auf den Arm (z.B. durch Unwohlsein), lässt sich dort aber nicht oder nur schwer beruhigen.

nie	selten	gelegentlich	oft	immer
1	2	3	4	5

Das Kind beschäftigt sich mit seinem Geschlechtsorgan, zeigt es aktiv, berührt und benennt es und/oder bringt erste Schamgefühle zum Ausdruck.
Hinweis: Es möchte zum Beispiel geschützt auf die Toilette gehen.

nie	selten	gelegentlich	oft	immer
1	2	3	4	5

Körperliche Unversehrtheit

Das Kind isst sich satt.
Hinweis: Es kann so oft Nachschlag haben, wie es möchte. Wenn ihm das Essen nicht schmeckt, kann es eine Alternative zu sich nehmen.

nie	selten	gelegentlich	oft	immer
1	2	3	4	5

Das Kind erleidet im Krippenalltag körperliche Verletzungen.
Hinweis: Dies kann durch Stürze oder Aggressionen anderer Kinder geschehen.

nie	selten	gelegentlich	oft	immer
1	2	3	4	5

Das Kind ist körperlich vital.

nie	selten	gelegentlich	oft	immer
1	2	3	4	5

Rahel Dreyer | Kristin Stammer

WaBe

Wahrnehmung kindlicher Bedürfnisse

Wohlbefinden von Kindern im Alter von 1;0–3;0 Jahren einschätzen und reflektieren

Name des Kindes

HERDER

Inhalt

Rahel Dreyer | Kristin Stammer

WaBe

Wahrnehmung kindlicher Bedürfnisse

Wohlbefinden von Kindern im Alter von 1;0–3;0 Jahren einschätzen und reflektieren

Name des Kindes

HERDER

Inhalt

Angaben zum Kind

Name: ______________________ Beobachtungsdatum: ______________________

Alter in Monaten: ______________________ Beobachter:in: ______________________

Allgemeiner Gesundheitszustand Wie geht es dem Kind zurzeit gesundheitlich? Gibt es besondere Umstände, wie zum Beispiel Allergien, Unverträglichkeiten, Diagnosen? Fällt Ihnen irgendetwas auf?	
Familie Gibt es bedeutende familiäre Merkmale oder Ereignisse (positive und negative)?	
War im Beobachtungszeitraum irgendetwas auffällig oder anders?	
Seit wann besucht das Kind die Kita?	
Wer waren oder sind seine Bezugsfachkräfte?	
Wie viele Peers sind in der Krippengruppe bzw. -einheit?	
Wann wird das Kind morgens gebracht und wann wird es wieder abgeholt? Betreuungsdauer:	
Wann und wie lange schläft das Kind in der Krippe?	
Wie verlief (damals) die Eingewöhnung?	
Aktueller Fachkraft-Kind-Schlüssel während der täglichen Betreuungszeit des Kindes:	
Gab es besondere Vorkommnisse in der Gruppe/im Nest des Kindes? Wenn ja, welche?	

Beobachungsmodul A: Physiologische Grundbedürfnisse

Teil 1: Einschätzung

Körperkontakt

Das Kind sucht direkten, angenehmen Körperkontakt zur Fachkraft und/oder zu anderen Kindern und exploriert anschließend wieder.

Hinweis: Beispiele sind auf dem Schoß sitzen, Anlehnen, Hand halten; aber auch Ringeln und Raufen.

nie	selten	gelegentlich	oft	immer
1	2	3	4	5

Das Kind sucht ständig und permanent Körperkontakt und exploriert kaum.

Hinweis: Das Kind klammert z.B. häufig und möchte ständig auf den Arm (z.B. durch Unwohlsein), lässt sich dort aber nicht oder nur schwer beruhigen.

nie	selten	gelegentlich	oft	immer
1	2	3	4	5

Das Kind beschäftigt sich mit seinem Geschlechtsorgan, zeigt es aktiv, berührt und benennt es und/oder bringt erste Schamgefühle zum Ausdruck.

Hinweis: Es möchte zum Beispiel geschützt auf die Toilette gehen.

nie	selten	gelegentlich	oft	immer
1	2	3	4	5

Körperliche Unversehrtheit

Das Kind isst sich satt.

Hinweis: Es kann so oft Nachschlag haben, wie es möchte. Wenn ihm das Essen nicht schmeckt, kann es eine Alternative zu sich nehmen.

nie	selten	gelegentlich	oft	immer
1	2	3	4	5

Das Kind erleidet im Krippenalltag körperliche Verletzungen.

Hinweis: Dies kann durch Stürze oder Aggressionen anderer Kinder geschehen.

nie	selten	gelegentlich	oft	immer
1	2	3	4	5

Das Kind ist körperlich vital.

nie	selten	gelegentlich	oft	immer
1	2	3	4	5

Pflege und Hygiene

Das Kind signalisiert der Bezugsfachkraft, dass es sauber sein bzw. gepflegt werden möchte.

Hinweis: zum Beispiel anschauen, zuwinken, zappeln, weinen.

nie	selten	gelegentlich	oft	immer
1	2	3	4	5

Das Kind wird immer unmittelbar bei Bedarf gewickelt und hält dabei Blickkontakt zur Fachkraft bzw. kann selbst direkt zur Toilette gehen.

nie	selten	gelegentlich	oft	immer
1	2	3	4	5

Bewegung

Je nach Entwicklungsstand zeigt das Kind vielfältige körperliche Aktivitäten wie zum Beispiel Springen, Klettern, Balancieren, Rennen, sich Strecken, Schieben, Wippen im Kita-Alltag.

nie	selten	gelegentlich	oft	immer
1	2	3	4	5

Erholung

Das Kind sucht Rückzugsmöglichkeiten (auf), wenn es eine Erholungsphase benötigt oder müde ist.

Hinweis: Es hat die Gelegenheit, sich von der Gruppe zu entfernen, wenn es dies braucht.

nie	selten	gelegentlich	oft	immer
1	2	3	4	5

Das Kind schläft zügig ein, wenn es müde ist und sich hinlegt. Es ist nicht unruhig oder benötigt nur kurzzeitig eine Einschlafhilfe.

nie	selten	gelegentlich	oft	immer
1	2	3	4	5

Naturerleben

Das Kind ist täglich von belebten und unbelebten Elementen der Natur umgeben.

Hinweis: Es hält sich in der Natur auf, beobachtet das Wetter, krabbelt zum Sonnenfleck bzw. in den Schatten; sieht Wasser, Häuser, Bäume, Sträucher, wenn es aus dem Gruppenraum-Fenster schaut.

nie	selten	gelegentlich	oft	immer
1	2	3	4	5

Das Kind erlebt Naturereignisse und/oder nimmt Naturmaterialien wahr.

Hinweis: Das Kind sammelt z. B. Gegenstände aus der Natur, wenn es draußen ist, nimmt sie in die Hände, den Mund etc. Auch z.B. regelmäßige Waldspaziergänge oder „Gartenarbeit" zählen dazu.

nie	selten	gelegentlich	oft	immer
1	2	3	4	5

Auswertung Modul A

Tragen Sie nun in die Tabelle ein, wie oft die jeweilige Farbschattierung angekreuzt wurde:

Auswertung Kreisen Sie den Farbton ein, der am häufigsten gewählt wurde. =	______	______	______	______	______
Interpretation Bezieht sich auf den eingekreisten Wert.	Es besteht akuter Handlungsbedarf.		Sammeln Sie Ideen zur Verbesserung.	Die Bedürfnisse werden befriedigt.	
Schlussfolgerung	Lesen Sie die Handlungsvorschläge, weitere Fachliteratur und konsultieren Sie die Fachberatung. Binden Sie die Eltern aktiv mit ein.		Überlegen Sie im Team, welche Möglichkeiten bestehen, das kindliche Wohlbefinden zu steigern. Nutzen Sie hierfür gerne die Handlungsvorschläge.	In Bezug auf das Kind besteht kein Handlungsbedarf.	

Teil 2: Reflexionsfragen

Bitte stellen Sie sich vor, die Fragen direkt an das Kind zu richten. Was glauben Sie, würde es antworten?

Körperkontakt

In welchen Situationen nehme ich deine verbalen und nonverbalen Signale in Bezug auf Körperkontakt wahr, und verstehe ich deine Zeichen?

Wie reagiere ich auf deine Signale bzw. dein Bedürfnis nach Körperkontakt und/oder Selbststimulation?

Körperliche Unversehrtheit

Woran erkenne ich, dass du wirklich satt bist?

In welchen Situationen beobachte ich, dass du körperlich verletzt bist?

Anhand welcher Verhaltensweisen oder Symptome merke ich, dass es dir gesundheitlich nicht gut geht?

Pflege & Hygiene

Woran merke ich, dass du dich gerne von mir pflegen lässt?

Erkenne und reagiere ich rechtzeitig, wenn du gewickelt werden musst oder Unterstützung beim Toilettengang benötigst?

Wie achte ich darauf, dass die Umgebung für dich hygienisch ist?

Gestalte ich Pflegesituationen für dich beziehungsorientiert und angenehm?

Bewegung

Welche Bewegungen/Bewegungssituationen machen dir Spaß?

Wie gebe ich deinem Bedürfnis nach Bewegung genügend Raum und Möglichkeiten?

Ermögliche ich dir, auch Kompetenzen im Umgang mit riskanten Situationen zu erlangen?

Erholung

Woran erkenne ich, dass du Ruhe oder Schlaf benötigst?

Wie ermögliche ich es dir, dass du dich spontan ausruhen oder einschlafen kannst?

Naturerleben

Wie greife ich dein angeborenes Bedürfnis nach Naturerleben auf?

Wie oft ermögliche ich es dir, Zeit in oder/und mit der Natur zu verbringen?

Persönliche Ideen zur Erfüllung der physiologischen Bedürfnisse:

Beobachtungsmodul B: Sicherheitsbedürfnisse

Teil 1 Einschätzung

Ontologische Sicherheit

Das Kind erlebt den pädagogischen Alltag als konstant und orientiert sich an bekannten Abläufen.

Hinweis: Wenn es zum Beispiel während der Randdienste immer im selben Raum oder in derselben Etage betreut wird und das Handeln der Bezugsfachkräfte kongruent ist (gleiche Regeln und Routinen für alle). Das Kind hat zentrale wiederkehrende Eckpunkte des Tagesablaufes verinnerlicht, wie Essenszeiten, Ruhephasen, Aktivitäten im Außenbereich etc.

nie	selten	gelegentlich	oft	immer
1	2	3	4	5

Das Kind reagiert verunsichert, wenn es pädagogischen Veränderungen in Routinen, bei anderen Kindern und Bezugspersonen ausgesetzt ist.

Hinweis: Zum Beispiel Weinen, Rückzug, Teilnahmslosigkeit, Klammern, Angstgehorsam; etwa in der Übergabe-Situation am Morgen, wenn eine nicht vertraute Fachkraft im Frühdienst ist. Gibt es keinerlei derartige Veränderungen, kreuzen Sie bitte „nie" an.

nie	selten	gelegentlich	oft	immer
1	2	3	4	5

Orientierung

Das Kind orientiert sich in den Innenräumen der Einrichtung sowie auf dem Außengelände und nutzt, je nach persönlichem Bedarf, verschiedene Umgebungen.

Hinweis: Hier geht es darum, einzuschätzen, inwieweit das Kind alle Örtlichkeiten und Nutzungsmöglichkeiten der Einrichtung bzw. des Krippenbereichs kennt und anwendet.

nie	selten	gelegentlich	oft	immer
1	2	3	4	5

Das Kind ist in Übergangssituationen irritiert.

nie	selten	gelegentlich	oft	immer
1	2	3	4	5

Das Kind nutzt Orientierungshilfen, um sich in den Räumen zurechtzufinden.

nie	selten	gelegentlich	oft	immer
1	2	3	4	5

Ökonomische Sicherheit

Das Kind nimmt Besitzkonflikte um nicht ausreichend vorhandenes Material wahr.

nie	selten	gelegentlich	oft	immer
1	2	3	4	5

Das Kind reagiert irritiert oder bemerkt es, wenn ein anderes Kind auf „seinem" Platz sitzt, und weist seine Umwelt darauf hin.

nie	selten	gelegentlich	oft	immer
1	2	3	4	5

Das Kind sieht oder hört stets eine vertraute Fachkraft, die für seine Sicherheit sorgt.

nie	selten	gelegentlich	oft	immer
1	2	3	4	5

Auswertung Modul B

Tragen Sie nun in die Tabelle ein, wie oft die jeweilige Farbschattierung angekreuzt wurde.

Auswertung Kreisen Sie den Farbton ein, der am häufigsten gewählt wurde. =	______	______	______	______	______
Interpretation Bezieht sich auf den eingekreisten Wert.	Es besteht akuter Handlungsbedarf.		Sammeln Sie Ideen zur Verbesserung.	Die Bedürfnisse werden befriedigt.	
Schlussfolgerung	Lesen Sie die Handlungsvorschläge, weitere Fachliteratur und konsultieren Sie die Fachberatung. Binden Sie die Eltern aktiv mit ein.		Überlegen Sie im Team, welche Möglichkeiten bestehen, das kindliche Wohlbefinden zu steigern. Nutzen Sie hierfür gerne die Handlungsvorschläge.	In Bezug auf das Kind besteht kein Handlungsbedarf.	

Teil 2: Reflexionsfragen

Bitte stellen Sie sich vor, die Fragen direkt an das Kind zu richten. Was glauben Sie, würde es antworten?

Ontologische Sicherheit

Stimmen meine Kolleg:innen und ich uns untereinander ab: Erlebst du die Regeln und Routinen im Krippenbereich als gleichbleibend?

Wirst du immer von Bezugsfachkräften aus der Krippe betreut?

Wie sorge ich dafür, dass du alle Kinder kennst und sie dich kennen?

Orientierung

Was sind deine bevorzugten Orte und Räume?

Wie sorge ich aktuell dafür, dass du dich dort zurechtfinden kannst?

Welche Situationen irritieren dich?

Wie gestalte ich die Übergänge im Tagesablauf?

Welche Verhaltenssignale zeigst du mir, die darauf hindeuten, dass du die Übergänge (nicht) verinnerlicht hast?

Wie reagiere ich darauf?

Ökonomische Sicherheit

Gibt es eine Sitzgelegenheit für deine Körpergröße und ausreichend Material, das dich zurzeit interessiert? Kannst du auswählen?

Achte ich darauf, dass ich dich im Tagesverlauf immer wieder wahrnehme: Weiß ich oder eine Kolleg:in immer, wo du bist und was du machst?

Persönliche Ideen zur Erfüllung der Sicherheitsbedürfnisse:

Beobachtungsmodul C: Soziale Bedürfnisse („Wir“-Bedürfnisse)

Teil 1: Einschätzung

Fachkraft-Kind-Beziehung

Das Kind signalisiert gegenüber der Fachkraft Unterstützungsbedarf, wenn es Hilfe benötigt.

Hinweis: Dies kann mimisch, gestisch oder sprachlich erfolgen, indem das Kind auf etwas zeigt, Blickkontakt sucht, winkt etc.

nie	selten	gelegentlich	oft	immer
1	2	3	4	5

Das Kind lässt sich von der Fachkraft trösten und beruhigen.

nie	selten	gelegentlich	oft	immer
1	2	3	4	5

Soziale Verbundenheit

Das Kind sucht aktiv Kontakt zu anderen Kindern, und diese Versuche münden in eine positive Interaktion.

Hinweis: Die Gründe hierfür können vielfältig sein: spielen, einfach wahrgenommen werden, toben etc.

nie	selten	gelegentlich	oft	immer
1	2	3	4	5

Andere Kinder wenden sich dem Kind von sich aus zu. Es wird zum Beispiel von anderen Kind(ern) begrüßt, wenn es in die Einrichtung kommt.

Hinweis: Bitte nur werten, wenn das Kind bereits das zweite Lebensjahr erreicht hat. Die Form der Begrüßung kann variieren und verbal oder nonverbal erfolgen.

nie	selten	gelegentlich	oft	immer
1	2	3	4	5

Das Kind ahmt andere Kinder oder/und Fachkräfte nach.

nie	selten	gelegentlich	oft	immer
1	2	3	4	5

Das Kind fordert aktiv Unterstützung von einem anderen Kind ein, wenn es diese benötigt.

Hinweis: Dies geschieht nonverbal oder verbal; bei sehr jungen Kindern durch die Zeige-Geste beobachtbar.

nie	selten	gelegentlich	oft	immer
1	2	3	4	5

Das Kind ist direkt im Gruppengeschehen und übt mit anderen Kindern und/oder der Fachkraft eine gemeinsame Tätigkeit aus.
Hinweis: Dieses Item bezieht sich ausschließlich auf die Freispielphase im pädagogischen Alltag.

nie	selten	gelegentlich	oft	immer
1	2	3	4	5

Kooperation

Das Kind bietet vertrauensvolle Nähe in Form von (emotionaler) Zuwendung anderen Kindern oder/und Fachkräften an, wenn es einen Bedarf wahrnimmt.
Hinweis: Manche Kinder zeigen Hilfsbereitschaft ausschließlich nonverbal (hingehen oder -krabbeln und ansehen), manche sind auch sehr körperlich (z.B. durch Umarmen). Bitte berücksichtigen Sie das Alter und die verschiedenen kulturellen Hintergründe der Kinder.

nie	selten	gelegentlich	oft	immer
1	2	3	4	5

Dem Kind wird von anderen Kindern geholfen oder es wird von anderen Kindern getröstet und unterstützt.

nie	selten	gelegentlich	oft	immer
1	2	3	4	5

Das Kind lässt sich von anderen Kind(ern) trösten und beruhigen.

nie	selten	gelegentlich	oft	immer
1	2	3	4	5

Im pädagogischen Alltag ist das Kind in Konflikte involviert.

nie	selten	gelegentlich	oft	immer
1	2	3	4	5

Freundschaft

Das Kind hat regelmäßige Spielpartner:innen.

nie	selten	gelegentlich	oft	immer
1	2	3	4	5

Das Kind vermisst andere Kinder, wenn diese nicht anwesend sind oder sich plötzlich abwenden, um einer anderen Tätigkeit nachzugehen.
Hinweis: Dieses Gefühl äußert sich durch warten, nachfragen, auf Foto zeigen, dem anderen Kind hinterherrufen/-sehen/-laufen.

nie	selten	gelegentlich	oft	immer
1	2	3	4	5

Auswertung Modul C

Tragen Sie nun in die Tabelle ein, wie oft die jeweilige Farbschattierung angekreuzt wurde.

Auswertung Kreisen Sie den Farbton ein, der am häufigsten gewählt wurde. =	____	____	____	____	____
Interpretation Bezieht sich auf den eingekreisten Wert.	Es besteht akuter Handlungsbedarf.		Sammeln Sie Ideen zur Verbesserung.	Die Bedürfnisse werden befriedigt.	
Schlussfolgerung	Lesen Sie die Handlungsvorschläge, weitere Fachliteratur und konsultieren Sie die Fachberatung. Binden Sie die Eltern aktiv mit ein.		Überlegen Sie im Team, welche Möglichkeiten bestehen, das kindliche Wohlbefinden zu steigern. Nutzen Sie hierfür gerne die Handlungsvorschläge.	In Bezug auf das Kind besteht kein Handlungsbedarf.	

Teil 2: Reflexionsfragen

Bitte stellen Sie sich vor, die Fragen direkt an das Kind zu richten. Was glauben Sie, würde es antworten?

Fachkraft-Kind-Beziehung

Wie zeigst du, dass du Unterstützung brauchst?

Wie reagiere ich auf deine (nonverbale) Ansprache nach Unterstützung?

Soziale Verbundenheit

Welche Situationen fallen mir ein, in denen andere Kinder den Kontakt zu dir gesucht haben?

Wie nimmst du Kontakt zu anderen Kindern auf?

Wie verhältst du dich in Gruppen? Welche Rolle übernimmst du?

Woran könnte es liegen, wenn du schwer Anschluss finden solltest? Wie reagiere ich auf dieses Verhalten?

Kooperation

Welche Situationen fallen mir ein, in denen du hilfsbereit warst, andere umarmt hast etc.?

Welche Situationen fallen mir ein, in denen du diese Zuwendung durch andere Kinder erfahren hast?

Inwieweit trägt mein Verhalten dazu bei?

Welche Konfliktsituationen fallen mir ein, in die du involviert warst?

Wie wurden diese Situationen für dich gelöst?

Wie begleite ich diese Situationen?

Freundschaft

Wie würde ich deinen Kontakt zu anderen Kindern beschreiben?

Woran kann es liegen, dass der Kontakt zu anderen Kindern (nicht) positiv verläuft?

Wie unterstütze ich deine Peer-Kontakte? Wie ermögliche ich Peer-Kontakte?

Persönliche Ideen zur Erfüllung der sozialen Bedürfnisse:

Beobachtungsmodul D: Individuelle Bedürfnisse („Ich"-Bedürfnisse)

Teil 1: Einschätzung

Autonomie

Das Kind nimmt sich selbstständig Materialien und Dinge, die es für sein Vorhaben benötigt.

nie	selten	gelegentlich	oft	immer
1	2	3	4	5

Das Kind weiß, womit es einer Beschäftigung nachgehen möchte.
Hinweis: Auch werten, wenn das Kind sich bewusst dafür entscheidet, nicht mit anderen Kindern zu spielen.

nie	selten	gelegentlich	oft	immer
1	2	3	4	5

Das Kind initiiert von sich aus Aktivitäten, die ihm Spaß machen, oder erweitert diese gegenüber anderen Kindern oder der Fachkraft.
Hinweis: Es greift zum Beispiel nach einer Puppe, geht mit ihr zur Kinderküche, wo bereits andere Kinder spielen, und nimmt sich Inventar, das es für sein Spiel benötigt.

nie	selten	gelegentlich	oft	immer
1	2	3	4	5

Partizipation

Das Kind bringt eigene Ideen, Themen und Wünsche in den Kita-Alltag mit ein.
Hinweis: Es wir zum Beispiel ein mitgebrachtes Buch vorgelesen, ein gemaltes Bild erfragt, Liedwünsche werden berücksichtigt, die Auswahl des Mittagessens mitbestimmt und Schlafenszeiten individuell geregelt.

nie	selten	gelegentlich	oft	immer
1	2	3	4	5

Das Kind trifft selbstentschlossen Entscheidungen und zeigt diese verbal oder nonverbal an.
Hinweis: Wenn es zum Beispiel etwas nicht essen möchte, dreht es den Kopf zur Seite.

nie	selten	gelegentlich	oft	immer
1	2	3	4	5

Selbstwirksamkeit und Selbstvertrauen

Wenn das Kind eine für es anstrengende Tätigkeit geschafft hat oder etwas Kreatives erschaffen hat, zeigt es anschließend anderen Kinder oder der Fachkraft seinen Stolz bzw. seine Freude darüber.
Hinweis: Zum Beispiel, indem es zappelt, lächelt, (auf) etwas zeigt.

nie	selten	gelegentlich	oft	immer
1	2	3	4	5

Das Kind traut sich in der Regel alles zu. Es zeigt kaum Ängste oder Anzeichen von Unsicherheit.

Hinweis: Zum Beispiel neue Rutsche erklimmen, aufdecken, Teller tragen.

nie	selten	gelegentlich	oft	immer
1	2	3	4	5

Wenn das Kind Schwierigkeiten oder Widerstand erfährt, gibt es nicht sofort auf. Sein Handeln führt zu einer zufriedenstellenden Lösung für es selbst.

Hinweis: Bitte nur werten, wenn das Kind bereits 18 Monate alt ist.

nie	selten	gelegentlich	oft	immer
1	2	3	4	5

Bestätigung

Das Kind erhält Anerkennung und Wertschätzung von der Fachkraft oder den anderen Kindern für sein Verhalten bzw. Tun.

Hinweis: Dies muss nicht zielgerichtet erfolgen, das heißt, das Kind kann die Anerkennung im Gruppenkontext erfahren; dies kann verbal oder nonverbal geschehen, zum Beispiel durch klatschen, jubeln, zunicken.

nie	selten	gelegentlich	oft	immer
1	2	3	4	5

Das Kind zeigt seiner Familie, anderen Kindern oder Fachkräften Fotos von sich oder Werke, die es im Kita-Alltag gestaltet hat.

Hinweis: Das können zum Beispiel ausgestellte Bilder, Knetfiguren oder gefundene Schätze in der persönlichen Box sein.

nie	selten	gelegentlich	oft	immer
1	2	3	4	5

Auswertung Modul D

Tragen Sie nun in die Tabelle ein, wie oft die jeweilige Farbschattierung angekreuzt wurde.

Auswertung Kreisen Sie den Farbton ein, der am häufigsten gewählt wurde. =	____ ____	____	____ ____
Interpretation Bezieht sich auf den eingekreisten Wert.	Es besteht akuter Handlungsbedarf.	Sammeln Sie Ideen zur Verbesserung.	Die Bedürfnisse werden befriedigt.
Schlussfolgerung	Lesen Sie die Handlungsvorschläge, weitere Fachliteratur und konsultieren Sie die Fachberatung. Binden Sie die Eltern aktiv mit ein.	Überlegen Sie im Team, welche Möglichkeiten bestehen, das kindliche Wohlbefinden zu steigern. Nutzen Sie hierfür gerne die Handlungsvorschläge.	In Bezug auf das Kind besteht kein Handlungsbedarf.

Teil 2: Reflexionsfragen

Bitte stellen Sie sich vor, die Fragen direkt an das Kind zu richten. Was glauben Sie, würde es antworten?

Autonomie

Wann und wie nehme ich bei dir autonomes Verhalten wahr?

Inwieweit habe ich eine Grundhaltung, die deine Eigenständigkeit in der Auseinandersetzung mit der Welt akzeptiert und aushält?

Wie unterstütze ich dich in deiner Autonomieentwicklung im Kita-Alltag?

Partizipation

Inwieweit schaffe ich im pädagogischen Alltag Situationen, die dir eine Beteiligung ermöglichen und in denen du deine bereits vorhandenen Fähigkeiten erfolgreich einsetzen und weiterentwickeln kannst?

Selbstwirksamkeit und Selbstvertrauen

Wann hast du mir das letzte Mal gezeigt, dass du stolz auf etwas bist? Worauf warst du stolz?

Welche Situationen fallen mir ein, in denen du bei Hindernissen (nicht) aufgegeben hast?

Wie habe ich auf dein Verhalten reagiert?

Bestätigung

Woran erkenne ich, dass du dich gesehen fühlst?

Wodurch zeigen die anderen Kinder und ich dir unsere Anerkennung?

Persönliche Ideen zur Erfüllung der individuellen Bedürfnisse:

Beobachtungsmodul E: Bildungsbedürfnisse

Teil 1: Einschätzung

Aufmerksamkeit

Das Kind ist neugierig.
Hinweis: Ihm unbekannte Sachverhalte, Gegenstände etc. wecken sein Interesse.

nie	selten	gelegentlich	oft	immer
1	2	3	4	5

Das Kind beschäftigt sich konzentriert über einen längeren Zeitraum mit einer Tätigkeit oder einem Material. Es hat ein sogenanntes „Flow-Erlebnis" und lässt sich schwer ablenken.

nie	selten	gelegentlich	oft	immer
1	2	3	4	5

Das Kind setzt sich in vielfältiger Weise mit Materialien auseinander und erkundet deren Funktionen.

nie	selten	gelegentlich	oft	immer
1	2	3	4	5

Resonanz

Das Kind tauscht sich mimisch, gestisch oder verbal mit einer Fachkraft über die von ihm ausgeführte Aktivität aus.
Hinweis: Austausch über ein Spiel, das Essen, Anziehen, Toben, Quatsch machen etc. Das Kind muss den Austausch nicht beginnen, es kann auch eine Reaktion auf ein anderes Kind/eine andere Fachkraft sein.

nie	selten	gelegentlich	oft	immer
1	2	3	4	5

Das Kind stellt Fragen oder gibt nonverbal zu verstehen, dass es etwas wissen möchte, und erhält stets eine Antwort.

nie	selten	gelegentlich	oft	immer
1	2	3	4	5

Aktivierung

In der Freispielzeit sitzt, liegt oder streift das Kind herum, ohne dabei einer erkennbaren Tätigkeit nachzugehen.

Hinweis: Oftmals wechselt das Kind zwischen verschiedenen Tätigkeiten.

nie	selten	gelegentlich	oft	immer
1	2	3	4	5

Das Kind exploriert und/oder wiederholt bestimmte Tätigkeiten.

Hinweis: Soziale Umwelt umfasst Kinder und Fachkräfte; materielle Umwelt umfasst Raumgestaltung und Spielmaterialien.

nie	selten	gelegentlich	oft	immer
1	2	3	4	5

Das Kind spielt fantasiereich, indem es Handlungen anderer nachahmt oder Gegenständen eine andere Funktion zuteilt.

Hinweis: Es füttert zum Beispiel die Puppe oder nutzt einen Baustein als Telefon.

nie	selten	gelegentlich	oft	immer
1	2	3	4	5

Im freien Spiel unternimmt das Kind gewagte Handlungen.

Hinweis: Zum Beispiel hochklettern, sehr schnelles Fahren, erstes eigenständiges Rutschen. Bei der Einschätzung bitte das Temperament des Kindes berücksichtigen, d.h., die Handlung muss für das Kind selbst herausfordernd sein.

nie	selten	gelegentlich	oft	immer
1	2	3	4	5

Das Kind geht in Bewegung und Handeln an die Grenzen seiner Möglichkeiten.

Hinweis: Es probiert eine neue Klettertechnik aus, knobelt etc.

nie	selten	gelegentlich	oft	immer
1	2	3	4	5

Körperlich-sinnliche Wahrnehmung

Das Kind differenziert durch Alltagserfahrungen in der Kita seine körperlich-sinnliche Wahrnehmung.

Hinweis: Hierzu zählen die Betrachtung und (Selbst-)Stimulation des eigenen Körpers sowie bewegungsorientierte Aktivitäten, in denen Kraft, Fortbewegung, Koordination und die Beschaffenheit des Körpers erlebt werden können; z.B. Gegenstände und Materialien mit dem Mund, den Händen und mit dem Körper erkunden/erfahren, barfuß im Matsch spielen, Körperteile spüren und benennen.

nie	selten	gelegentlich	oft	immer
1	2	3	4	5

Das Kind vertont aktiv sein Spiel und Handeln.

Hinweis: Hierzu zählen brabbeln, lallen, lautieren, lachen, weinen, brummen etc.

nie	selten	gelegentlich	oft	immer
1	2	3	4	5

Das Kind genießt Bewegungserfahrungen, in denen mehrere Sinne parallel aktiviert werden.
Hinweis: Es jauchzt vor Freude beim Laufen, Schaukeln etc. oder klettert konzentriert.

nie	selten	gelegentlich	oft	immer
1	2	3	4	5

In der Natur bzw. im Spiel mit Naturmaterialien setzt sich das Kind aktiv mit Geräuschen, Gerüchen, Mustern und Farben auseinander.

nie	selten	gelegentlich	oft	immer
1	2	3	4	5

Auswertung Modul E

Tragen Sie nun in die Tabelle ein, wie oft die jeweilige Farbschattierung angekreuzt wurde.

Auswertung Kreisen Sie den Farbton ein, der am häufigsten gewählt wurde. =	____	____	____	____	____
Interpretation Bezieht sich auf den eingekreisten Wert.	Es besteht akuter Handlungsbedarf.		Sammeln Sie Ideen zur Verbesserung.	Die Bedürfnisse werden befriedigt.	
Schlussfolgerung	Lesen Sie die Handlungsvorschläge, weitere Fachliteratur und konsultieren Sie die Fachberatung. Binden Sie die Eltern aktiv mit ein.		Überlegen Sie im Team, welche Möglichkeiten bestehen, das kindliche Wohlbefinden zu steigern. Nutzen Sie hierfür gerne die Handlungsvorschläge.	In Bezug auf das Kind besteht kein Handlungsbedarf.	

Teil 2: Reflexionsfragen

Bitte stellen Sie sich vor, die Fragen direkt an das Kind zu richten. Was glauben Sie, würde es antworten?

Aufmerksamkeit

Wie stark lässt du dich auf deine Tätigkeit ein und bleibst bei der Sache?

Entwickelst du dabei neue Ideen und probierst diese aus?

Was tue ich momentan, um deine Kreativität und Neugier anzuregen?

Resonanz

Inwieweit begebe ich mich – auch körperlich – auf deine Augenhöhe, um deine Erfahrens- und Erlebenswelt wahrnehmen zu können?

Über welche (Alltags-)Erlebnisse tauschen die anderen Kinder und ich uns mit dir aus?

Aktivierung

Woran kann es liegen, dass du keine Tätigkeit über einen längeren Zeitraum ausübst?

Auf welche Weise gehst du in Bewegung und Handeln an die Grenzen deiner Möglichkeiten?

Welche gewagten Handlungen führst du in der Kita aus? Wie verhältst du dich dabei? Und wie reagiere ich darauf?

Inwieweit ermögliche ich dir durch Erfahrungen in Alltagszusammenhängen in der Kita und in der Natur, eigene Fragen zu entwickeln sowie individuelle und gemeinsame Bildungsprozesse voranzubringen?

Sinneserfahrungen (-wahrnehmung)

Welche Spielsituationen fallen mir ein, in denen bei dir intensive Sinneserfahrungen hervorgerufen wurden?

Wie bin ich auf dein Empfinden eingegangen?

Persönliche Ideen zur Erfüllung der Bildungsbedürfnisse:

MIX
Papier aus verantwortungsvollen Quellen
FSC® C044086

www.herder.de

Satz & Gestaltung: Satz: Röser MEDIA GmbH & Co. KG, Karlsruhe
Umschlaggestaltung: Verlag Herder GmbH,
Motiv: © mimaCZ / GettyImages, © Oksancia / GettyImages
Herstellung: Wahl-Druck GmbH, Aalen
Printed in Germany

ISBN 978-3-451-39490-4